AF232811

SUR LA DIFFICULTÉ

D'ÉTABLIR

UNE CONSTITUTION EN ESPAGNE.

(Extrait de l'Étoile du 31 octobre 1825.)

La situation de l'Espagne fixe en ce moment l'attention des cabinets et des peuples, et tout homme de bonne foi, quelles que soient ses doctrines, ne saurait refuser le plus vif intérêt à la prospérité d'une nation si digne d'estime.

Sa situation est vraiment affligeante, mais ce n'est pas d'aujourd'hui que datent ses malheurs. Les différens partis se reprochent réciproquement d'être la cause de la ruine de la monarchie : et tandis que les libéraux, pour ne pas remonter à des temps plus anciens, affirment que la source de tous les maux a été l'abus du pouvoir absolu, les royalistes soutiennent que les libéraux sont les auteurs de tous ces désastres, par le renversement des lois fondamentales, par leurs attaques contre la religion, et par la dépravation des mœurs qui en a été la suite.

I

Que faut-il aujourd'hui ? examiner avec calme l'état de l'Espagne et les moyens qu'on pourrait employer pour la tirer de la situation où elle se trouve. Il est impossible dans un journal de se livrer à toutes les réflexions qu'inspire un sujet si vaste : mais il y a une question préliminaire d'une grande importance qu'il convient d'approfondir. Cette question, la voici : Une constitution serait-elle bonne pour l'Espagne ?

On a beaucoup parlé des mesures adoptées lors de la délivrance de Ferdinand VII, et chacun les a interprétées d'après sa manière de voir. On a fait entendre des censures plus ou moins amères, sur la conduite suivie jusqu'à présent par le gouvernement espagnol et par les puissances européennes ; et les prédictions sur l'avenir ont été aussi très nombreuses et très divergentes. Nous laisserons toutes ces controverses pour nous occuper seulement de la situation actuelle de l'Espagne.

Dans toute monarchie, il y a des classes : leurs intérêts souffrent au milieu des troubles civils, et il faut attendre du temps et des circonstances qu'elles se recomposent pour pouvoir calculer au juste quel est leur état moral et matériel, et quelle est la marche à suivre en vertu des modifications qu'elles auront subies.

Il est évident que dans la monarchie espagnole, le clergé est la classe la plus influente, ce qui est un résultat nécessaire de ses richesses et de sa suprématie spirituelle par l'unité de religion de tous les habitans de la Péninsule.

La noblesse n'a pas une importance réelle. Éloignée depuis long-temps des affaires politiques, son éducation a été ordinairement négligée, et quelques places de cour ont été le seul but de l'ambition des grands. Au moment de la guerre de l'indépendance, ils suivirent presque tous la cause sacrée de leur souverain légitime, et se rallièrent franchement à la cause nationale. Les événemens extraordinaires de cette lutte mémorable réveillèrent chez quelques-uns les nobles sentimens de leur ancienne illustration, et ils partagèrent cet héroïsme qui anima tous les Espagnols. En 1820, un grand nombre s'associa au parti novateur, tandis que beaucoup d'autres témoignèrent leur résistance au système constitutionnel. A la délivrance du roi, quelques-uns furent disgraciés, renvoyés de la cour et exilés de la capitale.

La noblesse secondaire de l'Espagne, connue sous le nom de *titres de Castille*, est nombreuse, et ses membres habitent généralement les provinces, mais leur qualité ne leur donne aucune prérogative remarquable.

La classe industrielle est presque insignifiante dans la Péninsule, par l'état de langueur du commerce espagnol, et par l'absence de toute entreprise manufacturière d'une grande importance.

Les notabilités sont donc bien rares dans les

classes que nous avons citées, et celles qui existaient parmi les employés les plus distingués par les services qu'ils avaient rendus à l'État, ont presque toutes péri dans le choc des partis politiques qui se sont succédé rapidement dans les premiers emplois de la haute administration.

La masse du peuple, à cause du partage de la propriété et par d'autres motifs, est composée des prolétaires prêts à servir toutes les factions, pourvu qu'ils trouvent ainsi un salaire, qu'ils se soucient fort peu de chercher dans le travail et dans les occupations utiles.

Tel est l'état matériel de la société espagnole; et nous avançons ici des faits que personne n'osera démentir. Il est évident que pour l'avoir fait descendre à cet abaissement déplorable, de grandes erreurs ont été commises : nous l'avouons, la situation est grave; mais il faut pourtant la voir telle qu'elle est réellement.

Après avoir tracé un tableau aussi exact, nous demanderons s'il est possible dans les circonstances actuelles de donner une constitution à l'Espagne?

On a répété mille et mille fois, et l'on a eu raison, que les constitutions écrites ne seront jamais durables, tant qu'elles ne seront pas fondées sur les intérêts nationaux et appropriées à l'état moral et matériel des sociétés. C'est pour cela que toutes les constitutions républicaines de la France ont été si aisément renversées.

Quels sont les intérêts créés par la révolution espagnole ? Cette révolution a bouleversé les anciens sans rien élever sur leurs ruines ; toutes les expériences ont trompé l'attente nationale, et les orages ont succédé au quiétisme séculaire de l'Espagne.

Une constitution lancée au milieu des populations remuées par la vengeance, égarées par le souvenir du passé, inquiètes du présent, incertaines de l'avenir, n'est qu'un brûlot appliqué à des matières combustibles, et dont les maux sont incalculables pour le genre humain et même pour les principes. Les constitutions éphémères de la Pologne et de la France révolutionnaire, sorties du sein de leurs discordes, prouvent la vérité de notre assertion.

En donnant une constitution à l'Espagne, on devrait tâcher de représenter tous les intérêts, et de les balancer convenablement. Elle ne pourrait être stable que lorsqu'elle assurerait à toutes les classes des garanties positives, et que les avantages seraient universellement reconnus. Et quels seraient la forme et l'esprit de cette constitution ? Où en puiserait-on les élémens ? Serait-ce dans les anciens conciles de Tolède, dans les cortès de Castille, d'Aragon ou de Navarre ? La différence constitutive de ces assemblées est un fait historique. Ce serait déjà un problême fort embarrassant pour S. M. C. et pour ses conseillers, que le choix parmi ces institutions si diverses ; car il faudrait scruter

*

soigneusement le degré d'influence politique que chacune accorde aux différens ordres de l'État, pondérer mûrement les prétentions particulières des provinces, et prévenir toute rivalité dangereuse entre elles. Ces assemblées, nées avec la monarchie elle-même, lorsque le clergé et la noblesse féodale étaient très puissans, ne pourraient pas être renouvelées maintenant, avec l'assentiment de tous les Espagnols. L'esprit démocratique a fait des progrès dans la Péninsule, non pas seulement par les révolutionnaires qui l'ont ensanglantée, mais aussi par l'impolitique anéantissement de ces mêmes cortès sous le règne de Charles V. Si l'on nous dit qu'il conviendrait mieux d'établir une constitution à l'instar de celle d'Angleterre, de France, de Bavière, etc., nous nous trouverons placés précisément sur le terrain que nous désirons.

Nous croyons que personne ne pensera à la création d'une chambre unique, qui ne conduira jamais qu'à la subversion et à l'anarchie, et qu'il faudra partir du principe sanctionné par tous les publicistes de la nécessité de partager le corps législatif en deux sections délibérantes. Ce principe a été adopté par les États-Unis, et même par les nouveaux gouvernemens de l'Amérique.

Dans la monarchie espagnole, la chambre privilégiée, comment serait-elle composée ? Si l'on n'y admettait que les membres du haut clergé et les grands, les libéraux ne manqueraient pas de dire qu'il serait inutile d'en attendre un appui en faveur des réformes exigées impérieusement par la situation de la nation. L'autorité souveraine du Roi peut aujourd'hui réprimer toutes les ambitions. Mais alors l'opposition de ces deux classes serait plus redoutable, parce qu'elle serait revêtue d'une force légale. Cette opposition serait indestructible. Le clergé repousserait toutes les innovations qui pourraient porter la moindre atteinte à ses priviléges, ou qu'il croirait capables d'affaiblir le caractère religieux de la nation. Les questions théologiques et métaphysiques absorberaient tout le temps. Il est presqu'impossible en Espagne de soulever une question législative sans toucher aux doctrines religieuses. Les membres de la grandesse ne seraient jamais d'un avis unanime ; les uns soutiendraient avec opiniâtreté toutes les prérogatives de la couronne, peut-être au-delà des bornes prescrites par la constitution, tandis que les autres, par ressentiment, ou par engouement, emprunteraient les formes d'une opposition populaire, préférant les applaudissemens de la multitude et des factions à toutes les faveurs émanées de la couronne. En démocratisant une partie de la noblesse, et en forçant l'autre à une résistance passionnée, on frapperait de mort les institutions aristocratiques : et ce n'est pas là le chemin pour restaurer et raffermir notre monarchie.

Et la noblesse secondaire des *titres de Castille*,

comment serait-elle considérée ? Siégerait-elle à la chambre privilégiée? Elle est trop nombreuse pour cela. Aurait-elle seulement un nombre déterminé de représentans ? Comment et par qui seraient-ils élus ? S'ils étaient en grand nombre et rééligibles, il en résulterait l'embarras très grave de donner à cette chambre un caractère trop prononcé de mobilité, incompatible avec sa nature même et avec les fonctions conservatrices auxquelles elle serait destinée.

Il y a encore une autre observation à faire. Ils habitent ordinairement, comme nous l'avons déjà dit, les provinces, et ils seraient guidés par les intérêts locaux plutôt que par l'intérêt général. Or, les prétentions des provinces sont très contradictoires, et les Cortès mêmes ont échoué souvent contre cet écueil. L'esprit fédératif, qui n'est déjà que trop développé, prendrait un nouvel-essor, au préjudice de l'autorité souveraine et de la régularité dans les actes de l'administration.

Si l'on associait dans la chambre privilégiée, aux premiers prélats et aux grands, quelques notabilités nationales, où irait-on les chercher d'après ce que nous avons dit en commençant cet article ? Et cette chambre serait-elle à l'avenir héréditaire, ou héréditaire et élective à-la-fois? Cette question nous mènerait trop loin si nous voulions nous engager dans l'examen des avantages ou des inconvéniens de ces deux systèmes, et il nous est impossible d'entreprendre un pareil travail.

Quelle que fût la dénomination de la chambre élective, quelle règle suivrait-on pour sa formation ? Comment fixerait-on le droit d'élection et d'éligibilité ? Serait-ce sur la valeur des capitaux ou sur les impôts ? Nous établissons en principe que la propriété serait une condition inséparable du droit de représentation, et la propriété étant malheureusement très mal partagée en Espagne, il n'est pas difficile de prévoir tous les obstacles qu'on aurait à surmonter. Et dans quelle proportion seraient les représentans de l'industrie agricole, commerciale et manufacturière ? Si les derniers étaient réduits, selon toutes les probabilités, à une minorité trop faible, quel espoir leur resterait-il de faire triompher ou de défendre au moins avec succès leurs intérêts ? Combien d'entraves existeraient alors au détriment de la richesse nationale !

Prendrait-on pour base la population comme dans la constitution rédigée à Cadix ? Admettrait-on des députés des anciennes villes qui jouissaient du privilége d'en envoyer ? Recevrait-on des députés des universités et des corporations ?

Après la simple indication de ces problèmes, quel homme d'état ne reculerait pas épouvanté à l'aspect de tant de difficultés ? Qui aurait l'imprudence d'improviser une constitution pour l'Espagne, et de croire la faire marcher tranquillement ?

Que l'on considère l'état de cette monarchie dans ses finances, dans son armée, dans sa marine, dans ses relations diplomatiques, dans ses provinces d'outre-mer, dans son organisation municipale, dans l'armement de ses volontaires royalistes, dans la différence de législation des royaumes unis qui la composent, dans tous les élémens enfin de sa vie sociale; et que l'on dise s'il serait accordé aux hommes de lui donner, au milieu de ce chaos, des institutions représentatives fortes de leur essence, faciles dans leur exécution et rassurantes pour l'avenir. Quand on dit que les convulsions politiques qui agitent la Péninsule, proviennent du fanatisme et de l'ignorance, on ajoute une nouvelle force à nos conjectures. Une constitution écrite ne remédierait pas à ces maux; il n'y a pas de constitution que l'on puisse soutenir dans la Péninsule par *l'opinion* : pour réussir il faudrait employer la *force*; mais l'emploi de la force mène à des réactions; il y aurait de nouveaux excès; le triomphe serait extrêmement douteux, et le pouvoir flotterait toujours incertain entre les factions qui se combattraient sans relâche, jusqu'à ce que la victoire pût enfin l'asseoir sur la base ou d'un despotisme irrité, ou d'une théocratie unique, ou d'une aristocratie turbulente, ou d'une démocratie oppressive. Et croit-on que l'Europe, qui a fait tant de sacrifices pour rétablir la légitimité et la paix, assisterait passivement à ce spectacle sanglant, dont le dé-

nouement abandonné aux chances de la fortune,
pourrait compromettre la sûreté de tous les trônes
et le repos de tous les peuples?

L'autorité souveraine, entourée de bons et de
loyaux conseillers, est appelée à déraciner tant d'a-
bus, à cicatriser tant de plaies, à recomposer
la société dissoute dans ses liens religieux, civils et
politiques, à faire oublier les maux du passé, à
consolider le présent et à adoucir l'image de l'avenir. L'entreprise, nous sommes loin de vouloir le
nier, est grande et difficile; mais si tous les Espagnols de bonne foi se rallient autour du trône de
leur roi, si les cabinets étrangers leur prêtent leur
influence salutaire, si les écrivains, animés de
l'amour du bien et dépouillés de l'esprit de
parti, au lieu de poursuivre des chimères, leur
adressent le fruit de leurs méditations désintéres-
sées, la patrie du Cid pourra se relever encore de
ses ruines et redevenir grande, riche, forte et ad-
mirable, telle qu'elle a été aux beaux jours de son
histoire.

Imprim. Pihan Delaforest (Morinval), rue des Bons-Enfans, n°. 34.